*Sofía*

# Sofía

## POEMS

### *Joan Logghe*

**Translations into Spanish
by Claire Joysmith and Arturo Salinas**

**LA ALAMEDA PRESS** *Albuquerque*

811.54
Logghe    1. Poetry

The following poems have appeared in these publications: "The Wedding," "The Wedding March" and "First Child" with translations by Margo Chavez, *Blue Mesa Review*; "Marriage," *Crosswinds*; "Sofía Builds a Shrine", "Sofía Has a Child in a Late Year," "Sofía's Breasts," "Sofía's Will," *FishDrum*; "Sunset Draws Sofía Down," *Puerto del Sol*; "Sofía Writes Her Friend Who Has Moved Away," *Women's Review of Books*; "Sofía's Breasts," *Visions International*; "Sunset Draws Sofía Down," "Sofía Builds a Shrine," "Sofía's Breasts," "Sofía Writes her Friend Who has Moved," "Something," "Marriage" and "Sofía's Gone" in **What Makes a Woman Beautiful** (Pennywhistle Press, l993); "Something," **New Mexico Poetry Renaissance**, edited by Miriam Sagan and Sharon Niederman, (Red Crane Press, l995); "Marriage," **I Feel A Little Jumpy Around You**, edited by Naomi Shihab Nye and Paul B. Janeczko, (Simon and Schuster, 1996); **Another Desert: Jewish Poetry of New Mexico**, (Sherman Asher, 1998), edited by Miriam Sagan and Joan Logghe; "Sofía Builds a Shrine," "Sofía Has a Child in a Late Year," "Sofía's Breasts," "Sofía's Will," *FishDrum* chapbook **Lunch Date with Beauty** with Judyth Hill's **Goddess Café**.

With appreciation to Leo Romero whose "Celso" poems moved me to write the first poem in the early eighties and who was secretly my male muse. A heartfelt thanks to Margo Chavez Charles for her support in launching this project and to Alvaro Cardona-Hine for his time and counsel. A thanks to Maria Cristina Lopez who read these with a Mexican childhood, a New Mexican adulthood, and a universal heart. Other thanks go to the friends and strangers who have given me depths and glimpses of lives and came into my heart and voice when I least expected. Special thanks to Virginia Martinez who opened the door, "Grandma" Katie Garcia who watched my kids, Ana Torres of blessed memory, and Martha Maestas who brought firewood. And to my friend, the late Jim Sagel, who encouraged me from the start as he did for so many others. Of course, this wouldn't have happened without the gifts and grace of Claire Joysmith and Arturo Salinas.

*With thanks to the Money for Women/Barbara Deming Memorial Fund Inc. for a grant in 1996 to help fund the translations into Spanish.*

ISBN: 1-888809-11-6
Library of Congress Number: 98-067350

La Alameda Press
9636 Guadalupe Trail NW
Albuquerque, New Mexico 87114

# Contents

*To the Goddess of Wisdom, Sofía, in all of us.*

*To my grandmother Sophie, a Lithuanian Jew, her table set for guests.*
*She gave my first born daughter a middle name.*

*To Sofía behind a double veil, ancestors from Spain lighting candles*
*over centuries. She lived in my neighborhood, talked to me while*
*watering roses, words given in friendship, overheard, or heard alone*
*at night. Persistent those voices over the years, saying poems to me*
*in the dark hours so sincerely.*

*On a land made by God in a heart lined with Virginia's smile the day*
*we met. To Katie's laugh and the babies in her arms. I offer her to you*
*as she came to me, shyly, with a poem or two a year for fifteen years.*
*This is a work of fiction. This is true.*

*I give these words back to the women, back to the air. Back to my*
*grandmother who I never knew. I release them to their own lives,*
*to Spanish and to kitchens. Sofía is the flower that blooms and blooms.*
*I offer my mouth and my sleep at night. Thanks to Sofía.*

# En el rancho

Cuando era niña, llevaban
a pastar ovejas a Los Álamos.
Su terreno estaba a orillas del pueblo.
Todos se entendían muy bien.

Sofía hacía barquitos
de papel encerado,
los soltaba por la acequia de enfrente.
Su hermano los atrapaba más abajo
y, corriendo, se los devolvía y luego
Sofía, con su pañuelo rojo puesto,
los hacía flotar de nuevo, mientras silbaba.

Su cabello trenzado se lo recogía durante el verano.
Su mirada se encontraba con la Meseta Negra.
Sus manos hacían cosas jugando con una cuerda:
una escalera hacia Dios, unos bigotes de gato, una cunita.
Creció silvestre como esas rosas
que se abrazan a la cerca junto a la parra silvestre.

En la primavera la sacudía
y, llenándose el pelo de florecitas,
decía: hoy me puse estrellas.
Se volvió astuta, creció como los abrojos.
Echó raíces. Odiaba la escuela y los zapatos
pero los aguantaba.

Se adueñó del caballo cauteloso, de los conejos,
del gato que parecía alcancía,

# In El Rancho

When she was little, Los Alamos
was a place they took the sheep to graze.
Their land bordered the pueblo.
Everybody got along.

Sofía made boats
of Cut-Rite waxed paper
sent them down the acequia out front.
Her brother caught them,
ran back to her and then again,
wearing her red bandana,
Sofía floated boats and practiced whistling.

Her hair was braided, pinned up for summer.
Her eyes met Black Mesa.
Her hands could make things out of string,
a ladder to God, cat's whiskers, a cradle.
She grew wild as the Copper Rose
that hugged the fence by the wild grape.

In spring she would shake down
tiny grape blooms onto her hair
and say, I'm wearing stars today.
She grew smart as any stinging weed.
She took hold. She hated school and shoes
but wore them both.

She had the cautious horse, the rabbits,
the cat shaped like a cookie jar,

y del perro hambriento siempre delante de ella.
Algún día, decía Sofía, voy a tener
diez hijos y voy a montar a caballo y arrear el ganado.
Tendré gallinas y viviré en la montaña
todo el verano. Las llevaré conmigo
a tomar aire fresco.

Se quitó el pañuelo
y, dándole latigazos al aire como a un pony,
dijo ¡ya lo verán!
Las gallinas salieron volando,
su madre la llamaba,
pero ella se fue montando el aire
a galope tendido.

and the hungry dog always before her.
Someday, Sofía said, I'm gonna have
ten children and ride horses to round up cows.
I'll own hens and live in the mountains
all summer. I'll take my hens with me
for cool air.

She untied her bandana,
whipped the air like a pinto.
She said, Wait and see.
The hens scattered,
her mother called,
but she rode the air,
galloping.

# Vicente, el hermano de Sofía, dijo

Apenas cumples dieciséis
—tan bonita—no te cases
tan pronto. Deberías ser maestra.

Sofía dijo: ya me harté
de la escuela. Mi ortografía es pésima
y no me importan los verbos en inglés.

Quiero vivir
con Manuel ahorita.
Y tener mis hijos
mientras soy joven.
Disfrutar de su alegría.
No una vieja criando niños
demasiado inquietos para ella.
En serio, Vicente. Tú
consíguete un trabajo de oficina.
Yo tengo mi tierrita, mis conejos,
mis cabras. Quiero una vida al aire libre
donde la voluntad de Dios me quiso.

Es mejor que un cuarto,
ya sea escuela o iglesia.
Mejor que cualquier geometría.
Quiero crecer
junto a mis hijos.
Por mi propio bien, Vicente.
Por mi propio bien.

# Sofía's Brother Vicente Said

You're just sixteen
so pretty, don't marry
too soon. You oughta teach school.

Sofía said, I'm through
with school. I'm a lousy speller
and don't care about English verbs.

I wanna live
with Manuel right now.
And have my children
while I'm young.
Get some fun out of them.
Not a vieja raising kids
who are too fast for her.
I'm serious, Vicente. You
get a job indoors.
I have my dirt, my rabbits,
my goats.  I want a life outdoors
where God meant me to be.

Better than a room,
either classroom or the church.
Better than any geometry.
I want to grow up
next to my children.
For my own good, Vicente,
my own good.

# *Antes de la boda*

Mi madre prendía sus velas
cantando. Mi hermano caminaba inquieto
por el portal bajo la luna.

Las gallinas dormían y los
perros ladraban. Mi niñez concluía
y mi vida de mujer aún no comenzaba.

Mi padre pensaba al pie de la meseta.
Mi prometido caminaba inquieto a millas
de mí, pero le oía los zapatos. Mis tíos

tocaban música en la sala
de una casa vacía que había
sido suya cuando eran niños. Abandonada;

tres cuartos y la música llenaba
el cielo de notas rápidas, ligeras. Ellos
nacieron allí; los sollozos de su madre

aún colgaban del tendedero. Mis tías
terminaban de lavar y remendar.
Las sábanas nupciales dobladas en la esquina

del cuarto. Sólo yo sabía
que sería feliz. Sólo yo sabía de
quién venía y en quién me convertiría.

# Pre Nuptial

My mother was lighting candles
and singing. My brother was out there
pacing the portal under the moon.

The chickens were roosting and the
dogs were barking. My childhood was ending
and my life as a woman hadn't begun.

My father was under the mesa thinking.
My husband-to-be was pacing miles away
but I could hear his shoes. My uncles

were playing music in a middle room
of an empty house that had been theirs
when they were children. Gone to ruin;

three rooms and the music filled
the sky with grace notes. They were
born there, their mother's sobbing

still hung on the clothesline. My aunts
were finishing their laundry and mending.
Folded sheets for the wedding in a corner

of the room. I alone was certain
I'd be happy. I alone knew who
I came from and who I would become.

Era muy joven pero nunca lo sentí así.
Me casaba con las viejas vides.
Acepté espigas de maíz como damas de honor.

Sabía cómo se ajuareaban
cada verano y bailaban a mi lado.
Todas éramos doncellas en este valle.

Fue antes de que pagaran bien los trabajos.
Todos amábamos a Dios más
que al dinero. Mi padre tenía manos

que sacaban de apuros. Mi madre tenía dedos
que le cosían la luz a la luna.
Mi hermano y yo nos queríamos

y todo lo que nos importaba. Conejos
y cabras, guajolotes de cara azul
y perros que olían a acequias llenas de agua.

Faltan cinco días para mi boda.
Mi padre dijo que sí aunque sentía que no.
Estamos vivos y luego ausentes.

Yo encendía mis velas afuera,
a la luz de las estrellas. Las prendía
e imaginaba que los rezos tenían cuerpo.

Mis rezos y el canto de mi madre,
la preocupación de mi padre, todo se elevó al unísono
y Dios estaba esperando. Atrapó nuestros rezos,

I was very young but never felt it.
I was marrying the old grape vines.
I took the corn seeds as my bridesmaids.

I knew how they put on dresses
every summer and danced beside me.
We were all maidens in this valley.

It was before the jobs were good.
We were all loving God more
than money. My father had hands

that managed. My mother had fingers
that sewed the light onto the moon.
My brother and I loved each other

and anything that mattered. Rabbits
and goats, turkeys with blue faces
and dogs that smelled of ditches full of water.

There are five days before my wedding.
My father said yes though he felt no.
We are alive and then we're missing.

I was lighting candles outside
under the starlight. I lit them
and imagined prayers had bodies.

My praying and my mother's singing.
My father's worries all rose at once
and God was waiting. He caught our prayers,

aceptó nuestro canto. Al pedir una bendición
me vestía con mi niñez por última vez.
Las nupcias eran con Él tanto como con él.

he took our singing. Asking for blessing.
I was wearing my childhood one more time.
The marriage was to Him as much as to him.

# La boda

Cuando ella cumplió dieciséis, fijaron la fecha,
un junio como ninguno, tan seco y con tanto viento
que sus dientes rechinaron de arena cuando dijo que sí.
Su madre le hizo el vestido, alfileres en la boca,
dándole vueltas y vueltas sobre la silla
hasta que parecía novia de pastel. Llevaba mucho encaje,
el mundo lleno de flores de manzano en vuelo.

Sofía se sentía más sabia que vieja.
Para entonces Manny tenía trabajo en el laboratorio.
Tenía veinte años. Le pagaban bien,
más fácil que arar y cultivar el campo.
Él podía hacer de todo, adobes,
crecer una hortaliza, árboles.
Pronto tendrían una casa cerca de su familia.

Ese año, la siembra se atrasó.
El día de la boda sonó en la iglesia.
A nadie le importó el viento ese día.
Sofía, ángel juguetón camino al altar,
tan jovencita, se comprometía con la vida.
Se casó con la vida, tomó marido,
decidida a ser feliz fuera lo que fuera.

Y el sacerdote y la música,
luego el baile. Billetes prendidos a su vestido,
sus padres bailando junto a ellos el baile de tantos años.
La marcha nupcial, el banquete, todo difuso.

# The Wedding

When she turned sixteen they set the date,
a June like no other, so windy and dry
her teeth were gritty when she answered.
Her mother made the dress, pins in her mouth,
turned her around and around on a chair
till she felt like the bride on a cake. It was lacy,
the world full of apple blossoms blowing.

Sofía felt wiser than old.
Manny by then had a job at the Lab.
He was twenty. The job paid good,
easier than plowing fields for crops.
He was a man who could do anything,
make adobes, grow a garden, trees.
They'd have a house by his folks before long.

This year, planting came late.
The wedding day rang at the church.
Nobody cared about the wind that day.
Sofía down the aisle, frisky angel,
that young thing, she was taking on life.
She married life, took a husband,
her mind made up to be happy no matter what.

And the priest and the music,
afterwards the dance. Money pinned to her dress,
her parents dancing the dance of years beside them.
The wedding march, the food, it blurred.

Y el viento siguió soplando toda la noche,
una noche que nunca se aquietó.

And the wind blew through the night,
a night that never settled down.

# Sofía le cuenta a su hermanita

No fue como lo cuentan las otras.
Habíamos tomado unas cervezas. Él desprendió los billetes
de mi vestido y nos acostamos, completamente vestidos
y casados. Se veía tan guapo ¿como qué?
Como un santo. Tan bello como los campos de alfalfa.

Se mecía sobre mí como los árboles.
Seguro quieres saber los detalles.
No hay mucho más que contar. La ventana aquella
me hechizaba. Creí que era un rostro
que miraba lo que yo nunca había hecho.

Tenía dieciséis como tú cuando los cumplas. Dieciséis
no son muchos. ¿Te conté del viento tan fuerte?
Se llevó flores hasta Albuquerque. Les cambió el rumbo
a los *trailers*. Manny dijo que el viento lo hicimos nosotros
al amarnos así. Yo le decía Emmanuel, por bíblico.

Bueno, eso fue la primera vez. No sentí mucho
allá abajo, sólo velos y el baile de la boda
otra vez. Seguía oyendo la Marcha en mi cabeza,
viendo a las parejas, sus brazos extendidos sobre nosotros.
El vecindario entero parecía estar ahí en nuestra cama.

¿Te conté que él se mecía como los álamos
de la acequia? ¿Te acuerdas cuando esperábamos
acostadas a que pasaran los aviones? Tú estabas chiquitita,
pero ya no. Hay cosas por las que vale la pena esperar.
¿Te conté que se mecía y que me gustaba?

# Sofía Tells Her Little Sister

It wasn't like they told, the other girls.
We'd had some beer. He unpinned the money
from my dress and we lay down, all dressed
and married. He was as handsome as what?
As a saint. As beautiful as fields.

He swayed like the trees did over me.
I'm sure you want to hear the details.
I can't tell much more. That window
over there haunted me. I thought it was a face
watching what I'd never done.

I was sixteen like you'll be soon. Sixteen
is not much. Did I tell you about the wind?
It blew blossoms clear to Albuquerque. It turned
trailers around. Manny told me we made the wind,
loving that way. I called him Emmanuel, so Biblical.

Well, that was the first time. Nothing much
down there, but veils and the wedding dance
again. I kept hearing la Marcha in my head,
seeing the couples' arms stretched over us.
The entire neighborhood seemed right there in bed.

Did I tell you he swayed like the cottonwoods
down by the ditch? Remember how we lay on our backs
and waited for airplanes. You were a tiny girl, mi'jita,
not anymore. Some things are worth waiting for.
Did I tell you he swayed and I liked the feel?

# El primer hijo

Cuando el dolor se hizo intenso nos fuimos a Santa Fe.
Todo estaba en flor, como hoy,
los duraznos, las manzanas, las cerezas. Podía ver los árboles
por la ventana del Hospital San Vicente, el antiguo
sobre la Avenida Palacio.

Fue como al año de nuestra boda y soplaba el viento
pues era mayo. Manny manejaba de prisa, y mi madre
vino a rezar. Me dijo que gritara si me dolía.
Que así nacería más rápido. Manny tenía
miedo, y yo nunca lo había visto asustado.

Yo no tenía miedo. Rezaba. Sostenía mi vientre
como si me lo fueran a robar. Los dolores me duraron
toda la noche. Se oía a las mujeres ir y venir
por los pasillos, llamando a Diós, quejándose
como en los entierros. Eso me contagió a mí también.

Pronto, con la luna llena de mayo, los quejidos eran de todas.
Esa noche y al día siguiente, quince bebés
nacieron en Santa Fe. Las enfermeras dijeron, luna llena,
nueve meses después de las fiestas y todas estábamos
tan cansadas que sólo alcanzamos a sonreír .

Fue entonces que nació Manuelito. Fue entonces
que ese llegó. Si hubiera sabido de Vietnam,
le hubiera puesto otro nombre más afortunado.

# First Child

When the pains got strong we drove to Santa Fe.
Everything was blooming, just like today,
peaches, apples, cherries. I could see the trees
out the window at St. Vincent's, the old
one on Palace Avenue.

About one year after our wedding, windy because
it was May. Manny driving fast, and my mother
came to pray. She told me to yell if it hurt.
It would make the baby come fast. Manny was
scared, and I'd never seen that man afraid.

I wasn't scared. I prayed. I held my belly
like something I thought they'd rob. All night
the pains got me. You could hear the women
up and down the halls, calling for Jesus, moaning
like at funerals. That got me going too.

Soon all of us, full moon in May, were moaning.
That night and the next day, fifteen babies
born in Santa Fe. The nurses said, full moon,
nine months after Fiesta and we all
were so tired we only smiled.

That's when Manuelito arrived. That's when
that one came. If I'd known about Vietnam,
I'd have given him a luckier name.

# Los años de ser mamá

Cuando mis hijos estaban chiquitos no había años,
sólo caras y leche. Días puros como el agua,

como el aire limpio de la montaña. Los niños lloraban o corrían
entre los maizales riéndose. Yo corría con sus risas.

Los cargaba para enseñarles la luna. Luna, luna
les decía cuando no podían dormir.

Conocí a otras mujeres en la lavandería.
Platicábamos mientras daba vueltas la ropa. ¿Estaría soñando?

En casa sacaba a tender los pañales
para que los blanqueara el sol. Mi corazón quedaba limpio,

blanqueado por un amor sin límites. No había días,
sólo ojos y bocas. Cada hora engordaba

y crecía. El tiempo, ¿era más lento, más lleno o más vacío?
Adivinaba la hora con sólo mirar sus caritas.

Adiós. Hola. Manny entraba y salía
del mundo. Yo entraba y salía de las comidas.

Nadie me dijo lo satisfecha que me sentiría.
¿Por qué no sacas la vieja báscula amarilla, a ver cuánto pesan?

# The Mother Years

When my children were small there were no years,
only faces and milk. Days pure like water,

like good mountain air. Babies cried or ran laughing
through the corn. I ran with their laughter.

I held them up to the moon. Moon. Moon,
I'd tell them when they couldn't sleep.

I met other women at the Laundromat.
We talked as our clothes spun. Is this a dream?

I hung the diapers on the line at home
for the sun to bleach. My heart was clean,

whitened by limitless love. There were no days,
only eyes and mouths. Each hour gained weight

and grew tall. Was time slower, empty or full?
I told time by gazing at faces.

Bye, Bye. Hello. Manny moved in and out
of the world. I moved in and out of meals.

Nobody told me how full I'd feel.
Get out the old yellow scale, I'll weigh them all.

Puedo cargar al bebé y luego restar mi peso.
Vamos a marcar su estatura en la pared cada cumpleaños.

Nadie me advirtió cuánto pesaba el amor
ni que la felicidad podría hacerme volar tan alto.

I'll hold the baby then subtract myself.
Let's mark their height each birthday on the wall.

Nobody warned me how much love weighed
or that happiness could carry me into the sky.

# Naranjas

Despúes de morir su papá
Sofía se llevó su *troca* a Albuquerque:
compró naranjas de Arizona en cajas
en un depósito de por allá.
Las vendía junto al camino
en Española, siete días a la semana.

Eso le ayudó a pasar el tiempo
que se hizo lento con esa muerte.
Ganaba cuatro dólares por caja.
A veces vendía veinte: menos la gasolina,
no estaba mal. Vendía también leña
que su hermano cortaba en Tres Piedras.

Estaba verde, buena para mezclarla
con leña seca. Sofía odiaba tocar
esa savia y sentir sangre de árbol.
Pero una tiene que darle de comer a su familia.
Ese invierno Manny anduvo sin trabajo
un tiempo, con eso de la huelga.

Les daba una probadita
a los que se paraban: tenga, pruebe una,
tome su vitamina C. Regálele a sus hijos una sonrisa.
A doce el costal, fresquecitas y maduras.
Hágase un juguito,
o exprímaselas en la boca.

# Oranges

After her papa died
Sofía took his truck to Albuquerque
bought boxes of Arizona oranges
from a warehouse down there.
She sold them by the road
in Española, seven days a week.

It helped to pass the time
which slowed since her dad passed on.
She cleared four dollars a box.
Some days she sold twenty, that minus gas,
not bad. And on the side she sold wood
her brother cut in Tres Piedras.

It was pretty green, good to mix
with dry wood. Sofía hated to touch
that sap and feel the blood of trees.
But a person has to feed their family.
That winter Manny was in and out
of work, they went on strike.

She'd give a sample of an orange
to everyone who'd stop. Here, taste this,
get vitamin C. Put smiles on your children.
Twelve a bushel, fresh and ripe.
Squeeze them for juice or eat them
right out of the skin.

# El atardecer deprime a Sofía

Fue la más hermosa de las primaveras,
esa primavera cuando no pudo decidir
si era la más feliz o la más desdichada.

Fue esa primavera cuando quiso escaparse
y no volver a ver a sus hijos
porque no aguantaba
tanto amor.

Su marido parecía madurar,
luego empequeñecer, luego engordar.
Nada que él hiciera la atraía
con esa seducción de antes.

Jamás había visto tales dimensiones
en las nubes; era tal su espesura
que se dio tiempo para admirarlas.

Fue la temporada de las caminatas matutinas
cuando las urracas y los carpinteros volaban
y las liebres saltaban abriéndole a ella el paso.

Unos días despertaba adolescente,
otros, abuela.
Se debatía entre pasión y desesperanza,
una tristeza heredada
de los ancestros.

# Sunset Draws Sofía Down

It was the most beautiful spring,
the spring she couldn't decide
if she were happiest or saddest.

It was the spring she wanted to run off
never see her children again
because she couldn't stand
that much love.

Her husband seemed to grow
up, then down, then sideways.
Nothing he did called her
in that old enticing way.

She had never seen such dimensions
in the clouds, layers so thick
she made time to admire them.

It was the season of morning walks
where the magpies and woodpeckers flew
and jackrabbits leapt out of her way.

Some days she woke up a teenager
others, a grandmother.
She struggled between passion and despair
sadness that comes down
straight from the ancestors.

Fue esa primavera larga. La de las fragancias.
Sus hijos se hacían a un lado
cuando ella pasaba.
Su marido dejó de tocarla.
El teléfono nunca sonó.

Vivía sola dentro de la familia.
Pero las flores que plantaba
crecían con fuerza inusitada para el desierto.

It was the long spring. The fragrant one.
Her children stepped to the side
when she passed.
Her husband stopped touching her.
The phone never rang.

She lived alone inside the family.
But the flowers she planted
grew with a force not common to the desert.

# Sofía construye un altar

Ya entrados los años
cuando los niños se veían
fuertes y relucientes
como cachorros, como potros,
ella y su marido aparecían
hasta atrás en las fotografías
descosidos, desgastados.
Se veían más viejos entonces
que cuando se jubilaron.

Le hacía falta algo más
que elote congelado
y *jeans* remendados,
una cura más potente que las hierbas secas
manzanilla y alhucema.

Le robó tiempo al verano.
Ladrona de minutos después del quehacer,
el bebé acostado
y los dos mayores
en el pleito de los platos sucios.
Su marido parado fumando
en el portal
ensimismado con el atardecer.

Al oriente de la casa
quieta entre árboles de piñón
ella dibujaba con su pie un semicírculo
para que la luna, al salir, iluminara

# Sofía Builds a Shrine

During her middle years
when the children looked
all glowing and strong
like pups, like colts,
she and her husband stood
frayed and tattered
at the back of the photographs.
They looked older then
than at retirement.

She needed more
than frozen corn
and mended jeans,
a cure beyond dried herbs
manzanilla and alhucema.

She stole time from summer.
A thief of after work minutes
and the baby in bed
the two older ones
fighting over dishes.
Her husband stood smoking
on the porch
beside himself with sunset.

East of the house
quiet among piñons
she drew a crescent with her foot
so that the moon would fall

de lleno a la Virgen.
Compró la figura en el pueblo
y, murmurando, le decía: Lupita.

Los domingos recogían piedras.
Los niños corrían por los arroyos secos
lanzándolas al interior de la *troca*
y regresaban a casa peleándose.
Sofía los tocaba uno por uno,
luego los mandaba por una limonada
y separaba el granito de la piedra caliza.

Le puso un domo al nicho
y en el mortero fresco incrustó
pedacería de vidrios de colores
formando rayos para atrapar al sol:
la luz del día hecha corona.

En la siguiente primavera plantó
frijoles al pie de la figura,
un poco de maíz azul,
todo con una bendición.
Y se apasionó con las flores:
petunias de doble flor
caléndulas gigantes.

En las noches oscuras
rezaba mucho.
Escribía rezos en unos papelitos
que ocultaba bajo las piedras.
Traía conchas marinas, listones

full face rising, on the Virgin.
The statue she bought in town,
called her in whispers, Lupita.

On Sundays they picked rocks.
The kids ran the arroyos
tossed stones onto the pick-up bed
and rode home squabbling.
Sofía touched them each
then sent them in for lemonade,
sorted granite and limestone.

She domed the nicho
and in wet mortar stuck
bits of broken colored glass
in rays to catch the sun,
a corona of daylight.

Next spring she planted
a few beans at the base
some blue corn
each with a blessing.
And she went wild with flowers
double petunias
Crackerjack marigolds.

On dark nights
she said many prayers.
Wrote some on paper scraps
tucked under the rocks.
She'd bring sea shells, ribbons,

y milagros. Lo que le iba gustando,
eso traía, y muchas veladoras
ardían y brillaban.

La gente dice
que Sofía se ve más joven
desde que hizo ese altar,
como rosa fuera de temporada.

and milagros. Whatever pleased her,
she'd bring, and many votive candles
burned and shined.

People say
Sofía seems younger
since she built that shrine,
a rose, blooming out of season.

## Sofía le escribe a una amiga que se ha ido

Podría contarte del pueblo,
de los camiones cargados de melones
a dólar la canasta
y el cielo de ese mismo color -melón-
después de comer elotes de la hortaliza.

Podría contarte que mi marido
se acordó de mi cumpleaños
y de nuestro aniversario.
Está realmente haciendo un esfuerzo.
Los niños están contentos en la escuela
y ya no se pelean como antes, ¿te acuerdas?

Podría contarte que hemos tenido
mucha lluvia y que el verano
fue menos caluroso que de costumbre.
Vi a Vicente en el mercado
y está mucho mejor.

Pero en vez de eso te escribo
que mi troca se atoró en el arroyo.
Una inundación surgió de la nada.
El granizo acabó con los tomates.
A mi marido se le pasó la mano
al pegarle a mi hijo, y nadie
quiere ayudar con los quehaceres.

Mis ojos se quedan mirando la hierba
no ven las calabazas que ésta enconde

# Sofía Writes Her Friend Who Has Moved

I could tell you of town,
trucks loaded with melon
a dollar a basket
and the sky that color, melon,
after a dinner of garden corn.

I could tell you my husband
remembered my birthday
and our anniversary.
He's really trying hard.
The children are happy at school
and stopped that fighting, remember?

I could tell you we have had
plenty of rain and that summer
was cooler than usual.
I saw Vicente at Farmer's Market
and he's much better.

Instead I write you
that my truck got stuck in the arroyo.
A flash flood came out of nowhere.
Hail got the tomatoes.
I tell you he spanked my son
a bit too hard, and that they
won't help with the chores.

My eyes are fixed on the weeds
not the pumpkins hiding inside them

ni los tomates que crecieron solos
ni la parra cargada de uva blanca.

Te cuento quién se murió
y quién casi no la cuenta.
Nadie baila en las bodas
como lo hacías tú.

Ahora estamos más vacíos y el vino
no nos llena de risa como antes.
Cierto, te extrañamos.
¿Cómo está tu hijo? ¿y tu carro?
¿Ya encontraste mejor trabajo?
¿A quién conoces ahí?

or the volunteer tomatoes
and one vine loaded with white grapes.

I tell you who died
and one close call.
No one dances at the weddings
like you used to.

We are emptier and wine
is not as full of laughter,
for sure, we miss you.
How is your son, your car?
Have you gotten a better job?
Who do you know there?

## Sofía tiene un hijo en sus años de madurez

Esperaba a su último hijo.
La prueba que un doctor mandaría hacer
no era necesaria.
Lo supo por lo
que sentía al pisar
caminando cuesta arriba.

Fue durante la cosecha del tomate.
Con las náuseas que le daban, podía recogerlos
pero no pelarlos ni cocinarlos.
Se iban quedando en las esquinas
de la cocina.
Los frascos vacíos se le quedaban mirando.
El reproche rodeó los ojos de su marido
como fuego: una buena esposa
no desperdicia. Hay que verlo cómo
busca sus cervezas.

Fue su último.
Sus hijos mayores se admiraban
ante su manera de expanderse
y ante la suavidad
que rodeaba sus ojos. Una redondez
que decía: ya basta.

Todo el invierno las mujeres
le tocaban el vientre, sintiendo su maduración,
ofrecían nombres, adivinando el sexo,
luego seguían con las historias de sus partos.

# Sofía Has a Child In a Late Year

She was with her last child.
She didn't need a test
a doctor could give.
She knew it from the way
the ground felt
when walking uphill.

It was time to pick tomatoes.
Queasy, she could harvest
but not peel or cook them up.
They sat around the corners
of the kitchen.
Empty jars stared at her.
Blame circled her husband's eyes
like flames, a good wife
doesn't waste. Watch him turn
towards his beer.

It was her last.
Her older children wondered
at her stretching
and at the softness
around her eyes. A fullness
that said, enough.

All winter the women
felt her belly for ripeness
would offer names and guess the sex,
then stories of their labors.

Su paso era pesado al cargar
la leña. Dormía las tardes.
Soñaba con cuevas,
pies de bebé y barro.

Cuando le llegó su hora
caminó y caminó.
Se juntaron las nubes
y los sonidos que emitía fueron fuertes
mientras el viento de marzo apresuraba esas nubes
frente a su ventana, ella pujaba
y las abuelas de fino cabello blanco
pujaban con ella.

Y cuando surgió esa cabecita sabia,
cuando nació, y se alzó para verla,
ella cayó de vuelta al mundo,
otra vez niña con lágrimas de felicidad
enamorándose de todo lo que podía ver.

She lumbered as she carried
in the wood. Slept afternoons.
She dreamed about caves
and baby's feet and clay.

When her time came
she walked and walked.
The clouds closed in
and sounds from her were strong
as the March wind rushed those clouds
past her window, she pushed
and grandmothers with white wispy hair
pushed behind her.

And when that wise head crowned,
was born, then lifted up to see,
she fell back into the world,
a girl again in happy tears
falling in love with everything she could see.

# Anglos

¿Cómo les puedes rentar a unos *anglos*? preguntaban
cuando se mudaron a la casa de al lado. Era
donde había nacido Manny. Pocos rentarían un lugar
como ése. Sin agua corriente. La estufa de leña.
Pero ellos buscaban algo viejo.

Mis hijos mayores regresaban de la escuela con cuentos
sobre los *anglos*. Yo les decía que sobran
paredes contra las cuales toparse.
No quiero hablar con un vidrio de por medio
como cuando se visita la penitenciaría.

En las tardes ella venía por agua,
se sentaba conmigo cuando estaba en cama
esperando a que naciera Esperanza. Platicábamos
de los bebés que perdí. No sé por qué
la muerte me ha hecho tantas visitas.

Dijo que nunca había conocido a una mujer tan fuerte.
¡Quiere ser como yo! Me escuchaba cuando hablaba.
Luego me contaba de su vida, se había mudado para acá
porque su familia quería más de lo que ella podía dar.
Nos preparaba un tecito. Me fue más fácil pasar el mes así.

Le daba pecho a su bebé, le hacía *caballito*;
y nos imaginábamos cómo jugarían los hijos.
Nos pusimos tan contentas cuando nació Esperanza. Había hecho
mi peregrinación al Santuario rezando para encaminar al bebé.
A las dos las dejamos jugar en el piso. Era gente buena.

# *Anglos*

How can you rent to Anglos? people asked
when they moved in next door. It was the house
Manny was born in. Not many wanted
a place like that. No plumbing. Wood stove.
But they were looking for something old.

My older kids came home from school with stories
about Anglos. I'd tell them there's walls
enough to press your face against.
I don't want to talk through glass
like visiting somebody at the Pen.

Every afternoon she'd come get water,
sit in my bedroom when I was in bed
waiting for Esperanza to come. We talked
about my miscarriages. I don't know why
death has paid me so many visits.

She said she'd never met a woman as strong.
She wants to be like me! Listened when I talked.
Then she'd tell me about her life, moving here
because her family wanted more than she could give.
She'd make tea. I passed the month more easily.

She'd nurse her baby, bounce her
and we'd imagine how the kids would play.
When Esperanza came we were so glad. I'd walked
to Santuario to pray that baby home. We put the babies
on the ground and let them play. Good people.

Fueron años de tardes. Yo le daba albaricoques.
Ella me regresaba cueritos de fruta, una dulzura,
algo nuevo. Buscando botones en los rosales,
caminábamos en el jardín compartiendo secretos.
Los míos heredados, los suyos aprendidos de libros.

Sofía, dijo Jenny, ¿cómo hiciste
para ser tan fuerte? Le conté de mis hijos,
uno en Vietnam y otro que salió volando
en la carretera cerca de Camel Rock.
La muerte es fuego que nos templa como metal.

Years of afternoons. I gave her apricots I grew.
She gave me back fruit leather, dried leaves
of sweetness, something new. We'd check
roses for blooms, walk each other's garden
and give tips. Mine handed down, hers from books.

Sofía, Jenny said, How did you
get so strong? I told her about the boys,
one in Vietnam, the other skidded off
the highway down by Camel Rock.
Death heats you to a strong metal.

# Los hijos de Sofía

1.

Sofía y Manny tuvieron tres hijos, dos se han ido,
ya no están con nosotros. Pasaron a mejor vida.
Esa cruz junto al camino cerca
de la curva, allí es donde se nos fue Daniel.
Lástima que en este valle
la gente beba. Aliento alcohólico.

Cada noche que él salía con sus amigos
ella rezaba: Diosito, que los pare
la policía. Para que así aprendan.
Y bien que aprendió. En su último
día de vida cortó albaricoques, quejándose.
Ella le dijo que, en sus tiempos, los hijos eran hijos,

trabajaban de buena gana. Nada de andar cabizbajos,
los brazos crecidos hasta las cubetas llenas
de lunas naranja recién cortadas. En sus tiempos
la fruta era bendición pura; cosechas
como la de este año sólo se dan
uno de cada cuatro.

Aprecia lo que tienes, le repetía.
Las frutas son como cuentas de rosario, rézalas
entre tus manos, sin lastimarlas.
Lo de este árbol, lo secaría. Lo del siguiente, lo haría jalea.
Él terminó de cortar y se fue. Ella le dijo, péinate
ese mechón para atrás.

# Sofía's Sons

1.

Sofía and Manny had three sons, two
now gone, crossed over. Passed away.
That cross beside the road close
to the curve is where Daniel went.
Sorry to say there's drinking
in this valley. Breath of alcohol.

She prayed each night he went out
with his friends. God, let them get
pulled over. Teach them a lesson.
His lesson was complete. Last day
on earth he picked apricots, complained.
She told him in her day, sons were sons,

Worked willingly. None of this head down,
arms grown long into buckets filled
With fresh orange moons. In her day
fruit was pure blessing, good year
for apricots like this doesn't come
But one in four.

Count your blessings, she repeated.
The fruits are rosary beads, pray them
into your hands, careful not to bruise.
This tree she'd dry. Next one, make jam.
He picked and took off. She said, Brush
your hair back from your face.

Nadie puede verte lo guapo.
¿Cómo puedes ver para manejar?
Regresa antes de las doce.


2.

El mayor fue a Vietnam, dos años después
de morir Daniel. Lo enlistaron acabando la preparatoria.
Ella no pudo hacer nada. A él no le interesaba
la universidad. Harán de él un hombre, dijo Manny.

Harán de él un asesino o un asesinado, Sofía sabía.
Manny se encogió de hombros. Sólo nos queda rezar.
Y Sofía rezó. Las pinzas de ropa entre los dientes.
Los chiles quemándole los dedos al pelarlos.

Pérdida verde oscuro. Cabeza rapada. Uniforme de soldado.
La foto en el Santuario. Ella supo, antes de su partida,
que llegaría el telegrama. Sueños de quemazones.
Monumento a los caídos. Manuelito en piedra negra.

Nobody can see how handsome.
How can you see to drive?
Be home by twelve.


2.


The oldest went to Vietnam, two years
after Daniel's death. Drafted after high school.
Nothing she could do. College wasn't anything
he'd want. Make a man of him, Manny said.

Make a killer or a killed, Sofía knew.
Manny shrugged. Nothing we can do but pray.
And pray Sofía did. Clothes pins in her teeth.
Chiles burning her hands while she peeled.

Dark green loss. Shaved head. Soldier uniform.
Photo up at Santuario. She knew the telegram
would come before he ever left. Dreams of burning.
Vietnam memorial. Manuelito in black stone.

# Tiempos difíciles

Según mi madre la mala suerte no viene sola,
se junta de a tres, o de a dos si bien te va.
Qué bueno que ya no está para ver estos tiempos.

El bosque incendiado en mi corazón, las cosechas
a punto de perderse y ya perdidas. Las cosechas
eran niños y ahora son luz de luna.

Madre enlutada, campo negro.
Si mi mente fuera todavía mi mente
se araría y sembraría

con maíz negro. La luz de luna no puede comerse,
eso fue un cuento para niños. Los brazos de mi marido
no pueden sostener las esquinas oscuras de mi cuerpo.

No tengo redondez, soy sólo ángulos,
más ataúd que mujer.
No puedo acercarme al agua. Me da miedo.

La acequia está demasiada húmeda, el río
es un monstruo. No puedo tragar. El doctor
me recetó medicina, dijo que tenía que reaccionar.

Pero las palabras corren a través de mí, no se atoran.
Estos son los años sombríos. Mi corazón
que crecía se cerró como granero.

# Hard Times

My mother told me bad luck comes
in threes, twos if you're lucky.
I'm glad she's not here for these times.

The forest fire in my heart, the crops
are going and gone. The crops
were children and now are moonlight.

The mourning mother, the black field.
If my mind were my mind anymore
it would be plowed and seeded

with black corn. You can't eat the moonlight
that was a child's story. My husband's arms
can't hold the dark corners of my body.

I have no roundness, am only angles
like a coffin more than a woman.
Can't go near water. Am afraid of water.

The acequia is too wet, the river
is a monster. I cannot swallow. The doctor
offered medication, said I'd better snap.

But words move through me and don't stick.
These are the grim years. My heart
was a growing heart, closed as a dispensa.

Los niños intentan llegar hasta mí.
Yo me alejo y luego me arrepiento. Les acaricio
la cabecita, les beso la frente.

Todavía soy la madre de alguien. Los vecinos dicen
que la oscuridad más intensa viene antes del amanecer,
quieren convencerme que la iglesia es la solución.

Fui a la capilla sola pero mis rodillas
son como dos animales que no reconozco.
Ahora sé cómo se sentía la madre

dolorosa. Llevaba por alhajas sus lágrimas.
Cubría su cabeza. Sus ojos
sólo podían mirar hacia adentro.

The children try and reach into me.
I pull away and then I'm sorry. I pat
their heads, I kiss their foreheads.

I am still somebody's mother. Neighbors
say, it's always darkest before the dawn.
They want to convince me church is the answer.

I went alone to chapel but my knees
are like two animals I don't recognize.
So this is what the sorrowing mother

felt like. She wore tears like jewelry.
She covered her head. She had eyes
that looked only in.

# Los senos de Sofía

A pesar de su amargura con la vida
su esposo adoraba sus senos
se hundía murmurando en ellos,
siempre amante
o recién nacido.

Y eran tiernos
y sus senos eran pequeños
milagros de leche.
Al tercer día del parto
se endurecían.
Un llanto del bebé
y la leche se dejaba caer
mojando su blusa.
Sonreía, cargaba al bebé
sintiéndose cerca de los animales
de la mamá cabra, de la oveja.
Eso no era lo único que sentía.

Sus senos siempre jóvenes
eran de otros tiempos.
Ella y su esposo
dormían en la montaña.
Ella se quitaba la blusa
y él sentía un mareo
con el olor a ríos y a Madre.

Su rosario era de rosas,
pétalos de rosa, no madera perfumada,

# Sofía's Breasts

No matter his bitterness with life
her husband loved her breasts
hummed into them
he was forever
a lover or newborn.

And they were fresh
and her breasts were small
miracles of milk.
The third day after birth
they would engorge.
One infant cry
milk would let down
and drip onto her blouse.
She'd smile, pick the baby up
feel close to animals
the nanny goat, the ewe.
That was not all she felt.

Her breasts were always young
and from another time.
She and her husband
slept in the mountains.
She took off her shirt
and he grew faint
with the odor of rivers and Mother.

Her rosary was made of rose,
real petals, not scented wood,

y durante años sus dedos guardaron
la dulce fragancia de la muerte.
Dos hijos en cuatro años
entonces había un ritmo:
un subir y bajar, un suspirar.

Los años tenían su forma de acumular
leña, peras, albaricoques secos.
El tiempo se comprimió, su cuerpo cambió
pero sus senos no.
A ella le gusta asolearlos
desnudos frente al rostro de Dios.
Ahora su rostro es un frágil papel.
Sus senos son de otros tiempos.

and her fingers for years were sweet
with the fragrance of death.
Two children in four years
there was a lifting and falling
a sighing then.

Years had a way of stacking up
firewood, dried apricots and pears.
Time compressed, her body changed
but not her breasts.
She likes to sun them
bare in the face of God.
Her face is fragile paper now.
Her breasts are from another time.

# Manny mira desde el portal

Sofía salió de la casa
el primer día del año.
Esperanza, la chiquita,
veía a Míster Rogers
cantando en la televisión.
Sofía iba a recoger huevos:
pasó junto a la leña que yo acomodé, junto
a la bicicleta nueva tirada
en la nieve, junto al árbol navideño
descartado, con vestigios de adornos.

Anoche le bailamos la bienvenida al Año Nuevo
como adolescentes, Sofía vuelta loca con el *jitterbug*.
No pude dejar de tocarla toda la mañana.
Ahí entre los cactus, las chollas,
medio secas y medio vivas,
se detuvo. Se quedó tan quieta
como el instante antes de la medianoche
para ver a una parvada de pájaros que aparecieron
sobre los cactus como flores abiertas.

Pájaros color gris con una pincelada roja
en el pecho, rojo oscuro, como sangre.
Uno voló hasta su pelo.
Lo lució como una flor.
Como si fuera bailarina de flamenco
en el mejor hotel de Sevilla,
inmóvil entre la palmada y el zapateo.

# Manny Stands on the Porch

Sofía walked outside
on New Year's Day.
The baby, Esperanza,
was watching Mr. Rogers
sing about outsides and insides.
Sofía went to gather eggs
past my best woodpile, past
the new bike on its side
in the snow. Past the tree
dumped, still full of tinsel.

Last night we danced the New Year in
like teenagers, Sofía doing that jitterbug.
I couldn't keep my hands off her all morning.
At the patch of cactus, the chollas,
half skeleton and half alive
she stopped. Stood still
as the minute before midnight
to watch a flock of birds
that lit on the cactus like blooms.

Gray birds brushed with red
at the breast, dark red, like blood.
One flew to her hair.
She wore it like a flower.
Like she was a flamenco dancer
in the best hotel in Seville
paused between a clap and a stomp.

Luego dió un paso hacia adelante
la cubeta de sobras en una mano
agua tibia en la otra.
El pájaro entrando en su pelo un instante,
saliendo al siguiente, el año entero se acabó tan pronto.
Fue un milagro.

Como si nada hubiera sucedido fuera de lo común
ella comenzó a silbar mientras les daba de comer
y de beber a las gallinas.
Al atardecer, los pájaros
seguían quietos como flores de cactus.

Me terminé el cigarro.
Ésta es la mujer con la que vivo.
Ésta es la vida que hemos hecho.
La chiquita salió al portal
gritando: mamá, mamá, quiero ir por huevos.
Sofía regresa hacia nosotros toda sonrisas.
Trae una docena de huevos en su cubeta,
su cabello encendido por la última luz.

The she stepped forward
a pail of scraps in one hand
warm water in the other.
The bird in her hair one second
out the next, the whole year gone so soon.
It was a miracle.

As if nothing happened out of the ordinary
she began whistling as she fed
and watered the chickens.
Late afternoon, those birds still
like cactus flowers.

I finished my cigarette.
This is the woman I live with.
This is the life we made.
The baby came out to the porch
yelling, Mama, mama, I wanna get eggs.
Sofía comes back to us full of smiles.
She carries a dozen eggs in her pail,
her hair in the last light, lit.

# El testamento de Sofía

Después del susto
y del rosario por una amiga
que murió en un accidente,
hizo su testamento.

Se sintió algo absurda
como cuando en el anuario escolar
le dejó su cabello largo
a una niña más joven que ella
y su manera de besar.

A su hija
una herencia de manos
para que los pasteles se le esponjen
incluso en estas montañas
y un rezo contra el aburrimiento
pues ella es tan bonita.

La corona molar de oro
a su hijo
por ser una broma entre ellos.
Y todos los animales para él
pues les da de comer
y no queda más oro.

Sus turquesas
y aretes de coral quedarán
con la chiquita,

# Sofia's Will

After the shock
and the rosary of a friend
who'd died accidentally,
she made her will.

She felt foolish
as in yearbook legacies
when she left her long hair
to a younger girl
or the way she could kiss.

To her daughter
an inheritance of hands
so that cakes will rise
even in these mountains
and a prayer against boredom
for the girl is so pretty.

Her gold filling
to her son
because they had a joke.
And all the animals went to him
because he fed them
and there's no more gold.

Her coral earrings
and turquoise stay after her
with the baby,

pues las promesas de
turquesa y el coral
rodearon su muñeca regordeta
ese primer año.
Las flores las podrá desenterrar
y cambiar de lugar, pues las flores
van con ella.

En la ladera del cerro
no quiere flores cortadas,
sólo unos cuantos lirios.
Ellos parecen sobrevivir
pase lo que pase.

because turquoise
promises and coral
surrounded her fat wrist
that first year.
The flowers she can dig
and move, somehow she goes
with flowers.

On the hillside
she doesn't want cut flowers,
just a few iris.
They seem to go on
despite everything.

# Matrimonio

A veces al atardecer,
en el calor del atardecer, a veces Sofía
y Manny manejan hasta el pueblo.
Se estacionan en el *Sonic Drive In*
con la vista al norte. Hay pasto verde
y algunos olmos del otro lado.

Podemos imaginarnos, dice ella,
que estamos en las montañas.
Aquí está fresco. En el techo
hay muchos pájaros. Puedo oírlos
pero no ver qué son.

Compran Coca-Colas al dos por uno
y se sientan en la troca, juntitos.
Sofía toma de la mano a Manny,
él no acostumbra hacerlo en público.
Apenas comienza el verano. Sofía
toma hielo y se lo pasa por la cara.

No tienen nada más que decirse.
Se oye el tráfico, los pájaros,
los sorbos de los refrescos.
El matrimonio, lo dulce diluido.

# Marriage

Sometimes in the evening,
in the hot evening, sometimes Sofía
and Manny drive into town.
They park at the Sonic Drive In
facing north. There's a green lawn
and some elms across the way.

We can pretend, she says,
that we're in the mountains.
It's cool here. The roof
is full of birds, I can hear them
but I can't see what kind.

They get two-for-one Cokes
and sit together in the truck, close.
Sofía takes Manny's hand,
he's not the type in public.
It's just summer. Sofía
takes ice and rubs some on her face.

They don't have another thing to say.
There's traffic, the birds,
the slurping of soft drinks.
Marriage, the sweet watered down.

# Algo

Sofía tenía un secreto que ni ella misma
sabía. Algo relacionado con
velas en la noche, nada con sabor
a puerco en casa de la abuela. Algo.

El recuerdo velado de su abuela
en la alcoba a oscuras, su voz casi
un susurro: se va heredando de mujer en mujer.
Eso, y dile a tu hija.

Algo relacionado con los farolitos en hilera,
un trompo bailador. Nuestra familia llegó de España,
no de México, hace cientos de años, sabes.
Este es tu bisabuelo, Israel.

Mira qué guapo era. Sofía lo recuerda todo
pero entreverado con otros recuerdos, el olor
a pino en Navidad, las velas de la misa los domingos,
la sangre de la matanza otoñal.

Algo relacionado con las velas para Santa Ester.
No todo encajaba. Llegamos de España.
Fíjate bien en esta fotografía. La voz de su madre
en la luz de la cocina, la harina suspendida en el aire.

Les diría a sus hijas algo muy pronto.
Ha querido hacerlo. Desde hace siglos.
Les dirá muy pronto. Lo hará.

# Something

Sofía had a secret even Sofía
didn't know. Something about
candles at night, no taste of pork
in her grandmother's house. Something.

Shadowed memory of her grandmother
in her dark bedroom, her voice nearly
a whisper, It passes down through the women.
That and Tell your daughter.

Something about the farolitos lined up,
a top to spin. Our family came from Spain,
not Mexico, hundreds of years ago, you know.
This is your great-grandfather, Israel.

See how handsome he was. Sofía recalls it all,
but mixed with other recollections, the smell
of pine at Christmas, candles on Sunday at mass,
the sight of blood at butchering each fall.

Something about candles to Saint Esther.
It didn't all make sense. We came here from Spain.
Look hard at this photograph. Her mother's voice
in the kitchen light, flour in the air.

She'd tell her daughters something soon.
She's been meaning to. For hundreds of years.
She'll tell them soon. She will.

# Sofía consigue trabajo

De veras, me doy cuenta de
que entre más trabajo, menos cocino.
Y entre más estoy en la tienda
más gasto.

La semana pasada regresé con ollas y sartenes
que no necesito. Como eran azules
no pude resistir. Me hacía falta algo
alegre en el centro de mi día.

Las regresé. Las mías de fierro y viejitas
están bien. Y entre menos estoy, más
me hace falta ropa nueva y menos
remiendo. Voy a probar unos seis meses, ocho.

Si estoy más quebrada que antes, renuncio.
Extraño a las gallinas y pararme junto a la cerca.
Llevarle una manzana al caballo. ¿Cómo cuidaré
el jardín? Tender la ropa es un festín

y planchar un rico postre. Creo que la gente trabaja
para escaparse de su vida. Nada.
Lo digo en serio, nada es fácil. Hace falta
el dinero para estar al día, pero

de qué me sirve estar al día. La *tele* vieja aún funciona.
Voy a remendar y teñir mi ropa para que luzca nueva.

# Sofía Gets a Job at TG&Y

I tell you, I'm seeing that the more
I'm working the less I'm cooking.
And the more I'm at the store the
more I'm spending.

Last week I came home with pots and pans
I didn't need. Because they were blue
I couldn't resist. I needed something
bright in the center of my day.

I took them back. Cast iron and my old ones
are fine. And the more I'm gone the more
I'm needing new clothes and the less
I'm sewing. I'll give it six months, eight.

And then if I'm broker than before, I quit.
I miss the chickens, standing by the fence,
taking an apple to the horse. How will
I garden? Hanging up the wash is a feast

and ironing is dessert. I think people work
to get away from their life. Nothing.
I mean it, nothing is easy. We need
the money to catch up, but what am I

catching up with. Our old TV still works.
I'll mend my clothes and dye them bright again.

# Sofía se encuentra a un limosnero

Voy a contarte lo que me pasó
para después olvidarlo.
Iba caminando hacia el norte, hay algo allá que me atrae,
pasando los bomberos, bajando el cerrito.
Llevaba botas rojas, sudadera roja.
Antes, nunca usaba rojo,
por ser demasiado obvio, como coquetear.
Pero ahora, a mi edad, ya no importa.

Cruzando el puentecito
del río Santa Cruz
junto a la autopista,
estaba ya por regresarme.
Se acerca un hombre caminando
rumbo al este, nuestros caminos a punto de cruzarse,
pero me dirijo hacia el cerrito.

Él grita: señora, regrese.
Yo la conozco, conozco a su papá.
Eso me detiene, puede que sea cierto.
Me doy vuelta, parece un limosnero,
sus pantalones hechos andrajos.
Ningún hombre de mi familia llegaría
a estar así. Me dice:
te conozco, María. Le digo:
se equivoca, no soy esa persona.

Él insiste: María, María,
mi Madrecita Santa.

# Sofía Meets a Beggar

I'll tell you this story once
and then forget it.
I walked north, I'm drawn there,
past the fire station, down the hill.
I wore my red boots, red sweatshirt.
Used to be, I never wore red,
too obvious, like flirting.
But I'm old now, it's safe.

Across the small bridge
over the Santa Cruz
right by the highway,
I was ready to turn back.
There comes a man walking,
walking east, our paths would cross
but I head up the hill.

He calls, Señora, come back.
I know you, I know your daddy.
This gets to me, maybe so, I think.
I turn, he's like a beggar,
just rags for pants.
No man of mine would ever
come to this.  He says,
I know you, Mary.  I say,
you're wrong, got the wrong person.

He insists, Maria, Maria,
my little Holy Mother.

Te reconozco en cualquier parte,
la puedo ver caminando en ti.
La puedo oír en tu voz.
Tu ropa ha sangrado,
se ha vuelto azul para el manto del cielo.
Sé que eres tú, María.
Y tu papá, también es mi papá.
Tú sabes de quien hablo.
¿Pensaste alguna vez escapar de tu casa?

Yo le pregunto que de dónde viene
y hacia dónde va.
Del valle del Huérfano, voy a
encontrarme con mi creador. ¿A poco tú no?
Ven conmigo. Me toma una mano
para besarla. No me molesta,
sus labios son ásperos, y calientes,
como los de un niño enfermo. Otro día,
en otro momento, lo hubiera invitado a mi casa
y le hubiera dado de comer. No traigo cambio en mi bolsa.
Dice gracias y se va, gracias.
Subo de prisa hacia la capilla.
Me echa un grito, despidiéndose con la mano:
yo te conozco, conozco a tu papá.

I know you anywhere,
I can see her walking in you.
I can hear her in your voice.
Your clothes have bled,
put on blue for the cloak of heavens.
That's who you are, Maria.
And your Daddy, he's mine too.
Guess who I mean.
Ever try and run away from home?

I ask him where he comes from
and where he's going.
From the Huerfano, I go
to meet my Maker.  Don't you?
Come along. He takes my hand
to kiss it. It doesn't bother me,
his lips are rough, and hot,
like a sick child's. In another day,
at another hour, I would have asked him home
and fed him. I have no change in my pockets.
He says, Gracias, and walks on, Gracias.
I walk fast up the hill towards the chapel.
He hollers up to me, waving his hand,
I know you, I know your daddy.

# Insomnio

¿Cuántas veces puede una mujer
seguir hasta el final un pensamiento
desde su origen? Como el río Grande
que surge salvaje muy al norte
y lo va serpenteando todo: el aroma
a fruta y la pasión, los peces en la oscuridad
y los sembradíos de chile. La noche es
como un río conocido lleno de Dios.

No sé por qué hay gente que
lo llama insomnio. Yo lo llamo rezar.
Lo nombro preocupación. Tiempo para encontrar voz
cuando mi voz se ha mezclado
con las del mundo. Con las de mi familia
también. Lo llamo agradecimiento de luna llena
cuando contemplo las Jémez al ponerse la luna.
¿Cuántas lunas llenas caben en esta vida?

Rezo en la oscuridad. No de rodillas
sino acostada. Por favor, Diosito
y gracias Diosito y querido Diosito
por esto y por aquello, por este mundo
y aquella enfermedad. Es más rezo que
preocupación ahora que me hago vieja,
volviéndome una de esas mujeres
que admiraba cuando aprendí a mirar.

Agradezco en lo oscuro la mañana
y el reino que comparto Contigo, Señor.

# Insomnia

How many times does a woman get
to follow a thought clear to the end
from its source. Like the Rio Grande
starting wild and high in the north
and winding through everything, fruit
scent and passion, fish in the dark
and farms of chile. The night's like
a familiar river filled with God.

I don't know why, some people
call it insomnia. I call it prayer.
I name it worry. Time to find voice
after my voice has been mixed up
with the world's. My family's voices
too. I call it full moon gratitude
looking out over the Jemez at moon set.
How many full moons make up this life?

I pray in the dark. Not on knees
but lying down prayer. Please God
and thank you God and Dear God
for this one and that, this world
and that disease. More prayer than
worry now that I'm getting old,
turning into those women I looked
up to when I was first looking.

I thank in the dark for the morning
and the kingdom I share with You.

Y también contigo, dormido a mi lado,
mi otro Edén. Sigue soñando y despierta
en mí el amor. Llámalo como quieras, pero no
insomnio. Tengo una biblia junto a mi cama
y me espera un largo baño de tina en la madrugada.

And you also, sleeping at my side,
my other Eden. Go on dreaming and wake
love up for me. Call it something besides
insomnia. I have a bible by my bed.
I have a long bath to take at 4 AM.

# La muerte de Manny

Era de esperarse que sería de una caída
por su manera de tomarlo todo tan a pecho.
Pero repentina, muy repentina, siempre lo es.
Podaba los árboles, le gustaba hacerlo
en primavera. Usaba serrucho; con la edad
llegó a odiar el ruido de la sierra eléctrica.

Se subió y no había nadie.
No quiero darle más vueltas
pero sé que lo haré mientras no se detenga.
Lo veo en el árbol, luego cayendo
entre las ramas, de una a otra, hasta
el suelo cubierto de ramas, él ahí solo.

Su mano al cielo, su sombrero al lado.
Su cabeza llena de los pájaros que acompañan a la muerte,
pero que deben ser ángeles. Lo alzaron
fuera de él mismo en una luz velada como polvo.
Era una mañana espectral, la madrugada brumosa.
Recién se había jubilado, así suceden

las cosas. Ahora, cada que voy de compras
él estará cayéndose de ese manzano.
Me apretaré el corazón recorriendo los fríos pasillos de jugos,
alcanzando el café, esto no se parece a mí.
Pero la muerte no se parece a mí. Si yo hubiera estado en casa,
pero no puedo pensar así.

# Manny's Death

You might have guessed it would be a fall
the way he took things so hard.
But sudden, too sudden, it always is.
He was out pruning trees, a thing he loved
in spring. He used a pruning saw, he hated
chain saw noise as he got older.

He climbed and nobody around.
I don't want to go over it again
but you know I will until it stops.
I see him in the tree, then falling
down through branches into branches,
the ground littered, him there alone.

His hand to the sky, his hat to the side.
His head full of birds that accompany death,
but must be angels. They lifted him
out of himself in a gauzy light like dust.
It was an eerie morning, early fog.
He'd just retired, now isn't that

the way things happen. Every time I shop now,
he'll be falling from that apple tree.
I'll hold my heart down the cold aisles of juice,
reaching for coffee, this isn't like me.
But death isn't like me. If I'd been home,
but I can't think this way.

Manny estaba tan animado este año. Había
superado la tristeza, era su momento.
El funeral se llenó. Los cantos me estremecieron.
Tanta flor, como terrible primavera forzada,
como una Pascua adelantada. Pero son flores cortadas y sólo
recuerdan la brillantez de la luz antes de nuestra muerte.

Manny was so cheerful this year. He'd gotten
over sadness, it was his time.
The funeral was full. The singing got me.
So many flowers like a forced awful spring,
an early Easter. But flowers are cut and just
reminders of how bright the light before our death.

# Sofía sola

Sofía no quería aislarse
de su familia, pero lo hizo.
Esos veranos después de la muerte de Manny
se fue a vivir a la choza
en el campo donde iban los pastores
cuando la familia todavía criaba ovejas.
La lana, decían, es riqueza.
Pero eso fue en otros tiempos,
un dicho de otra gente.

Vivió allí dos veranos
y le gustaba estar sola.
Secaba yerbabuena que juntaba del arroyo.
Descubrió cebolla silvestre en el campo.
Su perro Pepe dormía junto a la cama
y salía por ahí. Ella le hablaba
a Manny, como si aun fueran jóvenes.

Sofía decía: ahora estoy haciendo limpieza.
Antes juntaba todo hacia mí,
los hijos, los discos,
los muebles y los cuadros para la casa.
Pero ahora estoy devolviéndolo todo.
La ropa vieja, los cuentos, los adornos navideños,
el dinero a la fuente del dinero.
Dios a la iglesia que conozco,
mi familia. Ay, cómo te extraño.

# Sofía Alone

Sofía wouldn't cut herself off
from her family, but she did.
Those summers after Manny passed away
she went off to live in the hut
in the field where herders stayed
when the family still raised sheep.
Wool, they'd say, is wealth.
But that was another time,
somebody else's saying.

She lived there two summers
and she was very glad to be alone.
She dried yerbabuena from the stream.
She found wild onion in the field.
Her dog Pepe slept by the bed
and went for walks. She talked
to Manny, as if they were young.

Sofía said, I'm sorting now.
At first I gathered things to me,
children, phonograph records,
furniture and pictures for the house.
But now I'm giving back.
Old clothes, stories, Christmas ornaments,
money to the source of money.
God in what church I know,
my family. Ay, I miss you.

Subí hasta estas montañas por su aire.
Es ligero y yo también lo soy.
Respirar es más fácil, siento menos dolor.

Ella cocina en la estufa de leña,
su hijo le ha dejado mucho ocote.
Se levanta temprano, se baña en el arroyo.
Ahora hace suya la vida
que conocieron sus antepasados.
Quiere estar cerca de los antiguos
mientras dirige su rostro hacia arriba
cada vez más, hacia su próximo hogar.

I came up to these mountains for the air.
It's light and so am I.
I breathe easy, less painful.

She cooks on the wood stove,
her son has left her plenty of kindling.
She rises early, washes in the stream.
She makes for herself today
a life her ancestors knew.
Wants to be near the old ones
as she turns her face more and more
upward to her next home.

# Sofía se ha ido

La muerte llegó, no como araña
como siempre temió. Ni como serpiente,
ni como fuego. La muerte
no llegó con fanfarrias de dolor
en un accidente vial: se había aferrado
al asiento de la *troca* tantas veces.

La muerte no llegó con una
guitarra vieja, cantando serenata.
La muerte no se vistió de plata,
vino suavecito al atardecer, la luz alargada
filtrándose entre los geranios, sombra
sobre la pared, olor a lirio en su boca.

La muerte al fin, tan sola como ella:
bienvenida, muerte, bienvenida. Bastante fue
haber vivido esta vida tanto tiempo.
Puso una fotografía de los dos,
de ella y Manny, un aniversario
sobre el corazón, y se dejó ir.

Pensó que estarían cerca sus hijos
pero la muerte tenía otros planes; dijo corazón,
corazón, generoso corazón. La muerte la arrebató
con fuerza desmedida. Su mano derecha
despidiéndose de todo. Sofía ha terminado.
Se ha ido. Su mente una explosión final de cánticos.
El cabello creciéndole hasta el último instante.
Velos blancos, blancos, Sofía es novia otra vez.

# Sofía's Gone

Death came not by spider
as she'd always feared. Not
by snake, not by fire. Death
did not come in a fanfare of pain
as in an auto wreck, she'd clutched
the pick-up seat so many years.

Death did not come playing an old
guitar and singing serenades.
Death was not wearing silver,
but sweetly in the afternoon, long light
slanted through geranium, the shadow
on the wall, scent of iris in her mouth.

Death at last, alone as she was,
Welcome, welcome, death. It was enough
to live this life this long.
She placed a picture of the two of them
she and Manny, an anniversary
right on her heart and she let go.

She thought her children would be near
but death had other plans, called heart,
heart, sweet selfless heart. Death grabbed
her much too hard. Her right arm waving
everything goodbye. Sofía's done.
She's gone. Her brain a final shot of song.
Her hair growing right to the end.
White, white veils, Sofía is bride again.

## *Colophon*

Set in **Monotype Bell**, a design supervised
by Stanley Morrison in 1931 and based
on the type cast by John Bell *(1746-1831)*,
an influential publisher and early
director of the British Library.

•

*Book design by J. Bryan*

Born in Pittsburgh, PA, Joan Logghe has been an active part of New Mexico's poetry renaissance for many years. She was poetry editor for *Mothering Magazine* for seven years and in 1991 received a National Endowment for the Arts in poetry. She has taught workshops for the Arts in Education for New Mexico Arts in sites such as the State Penitentiary, Armand Hammer United World College, New Mexico School for the Deaf, and schools throughout New Mexico. Work with the Santa Fe AIDS community has led her to form WRITE ACTION, a group of writers involved with AIDS activism who perform and lead writing workshops in high schools and colleges. Out of this work Logghe edited a collection, **Catch Our Breath: Writing from the Heart of AIDS**, (Mariposa, 1996). With Miriam Sagan she edited **Another Desert: Jewish Poetry of New Mexico**, (Sherman Asher Press, 1998).

Joan Logghe lives in La Puebla, New Mexico. She and her husband have three children and live in the solar house they built themselves.


Claire Joysmith is a Mexican-born professor, translator, poet, and an editor of the bilingual Chicano anthology **Cantar de espejos / Singing Mirrors**.

Arturo Salinas is a Mexican composer and ethnomusicologist who has translated poetry from Spanish, English and Mexican Indian languages.